AF485067

Seis Sigma para Gerentes y Directores

Seis Sigma para Gerentes y Directores

Fernando González Aleu González

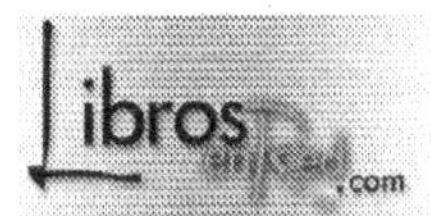

www.librosenred.com

Diseño de Tapa: Patricio Olivera
Dirección de Contenidos: Ivana Basset
Responsable de esta edición: Vanesa Rivera
Dirección: Marcelo Perazolo

Primera edición en español - Print on Demand

Copyright 2003 Libros en Red
Una marca registrada de Amertown International S.A.

ISBN: 987-561-003-8
Hecho el depósito que marca la ley 11.723

Para encargar más copias de este libro o conocer otros libros de esta colección visite: www.librosenred.com

*A mi padre que con este logro
ve reflejado uno de sus más grandes deseos.*

*A mi esposa Ana Cristina y mis hijos
Andrea, Daniel y Cynthia,
quienes me inspiran día a día
a ser mejor esposo, padre,
amigo y profesionista.*

Agradecimientos

Deseo agradecer a las siguientes personas que de una u otra forma contribuyeron para hacer realidad este proyecto: Rafael y Gerardo González Aleu González, Julio Jaime, Herón Ramos, Carlos Arroyo, José Alfredo Galván, Javier Arjona, Manuel Morales, Ricardo Peña y al resto de mis colegas en APM y la UDEM.

INTRODUCCIÓN

En los comienzos del movimientos de calidad, la calidad de los productos, procesos y servicios de las organizaciones había sido definidos como Cp= 1, lo que representa un valor de 3 sigma, esto significa estar fabricando productos, proporcionando servicios o trabajando con procesos que arrojan 2700 partes por millón de defectos (ppm).

Desde hace 10 años, las empresas de clase mundial han estado utilizando el término Seis Sigma para definir los nuevos estándares de calidad. Este nuevo estándar de calidad busca que todos los productos, procesos y servicios en una organización, tengan un valor igual o superior a Seis Sigma, lo que representa un Cp= 2.

Este documento surge por la necesidad de instruir al medio industrial (principalmente a gerentes y directores que son los que toman la decisión de implementar esta estrategia) de una forma sencilla todo lo que está alrededor seis sigma. Esto sin llegar a profundizar en herramientas estadísticas y su aplicación, ya que para eso existen muchos otros libros de estadística básica y avanzada.

A continuación se presenta una breve descripción de los orígenes de la metodología Seis Sigma, información general sobre su principal precursor, una explicación que lo que es Calidad Seis Sigma, la filosofía de Seis Sigma descrita en varios pensamientos, comentarios de las empresas que han logrado implementar esta metodología, una metodología para el despliegue de seis sigma y una aclaración sobre lo que yo he denominado los mitos y realidades de seis sigma.

CAPÍTULO 1.
LOS COMIENZOS DE SEIS SIGMA

1.1. Historia de la Metodología Seis Sigma

La información que existe sobre los orígenes de la Metodología Seis Sigma es muy poca y se remonta a 1985, cuando Bill Smith un ingeniero de medio nivel de Motorola, presentó una investigación en la que concluía que si un producto defectuoso era corregido durante el proceso de producción, otros productos defectuosos no serían detectados hasta que el cliente final los recibiera. Mientras que por otro lado, si un producto era elaborado libre de errores, el producto rara vez le fallaría al cliente.

Teniendo claro Motorola que las empresas de clase mundial no retrabajaban sus productos defectuosos y que se encontraban perdiendo mercado, se pidió a Smith que desarrollara una manera práctica de aplicar la teoría de Seis Sigma a todas las operaciones de Motorola.

Convencido del trabajo que había desarrollado Bill Smith, el Dr. Mikel J. Harry, creó una estrategia para implementar Seis Sigma en las organizaciones.

Con el apoyo financiero y la participación de compañías como IBM, Texas Instruments, Defense Group, Digital Electronics, Asea Brown Boveri y Kodak, Six Sigma Research Institute a cargo de Mikel Harry, comenzó a implantar la estrategia Seis Sigma.

Después de 10 años de trabajo, implementado y mejorando la estrategia de Seis Sigma, se creó la Six Sigma Academy y la academy´s Navigator system, los cuales tienen como objetivo:

- σ Facilitar el cambio de cultura para que la metodología sea utilizada en todas las organizaciones
- σ Aumentar los niveles de calidad en las organizaciones
- σ Crear una infraestructura adecuada para iniciar, dirigir y soportar los principios de Seis Sigma

Notas del Capítulo 1

19

Notas del Capítulo 1

20

Capítulo 2.
Calidad Seis Sigma

2.1. ¿Qué es Calidad y Seis Sigma?

Antes de pasar a detalles sobre el tema que nos atañe en este libro creo conveniente dedicar unas cuantas líneas calidad y seis sigma para formar un criterio común.

Para empezar tomaré el significado de la calidad de dos fuentes diferentes:

a) American Society for Quality (ASQ):
"El total de las características y propiedades de un producto o servicio que en conjunto satisfacen los requerimientos implícitos o necesidades técnicas"

b) Jack Welch CEO de General Electric:
"Calidad es la siguiente oportunidad para nuestra compañía de posicionarse a parte de sus competidores. La calidad dramáticamente incrementará el empleo, la satisfacción del cliente, incrementará la rentabilidad y mejorará la reputación de la compañía."

Aunque esto se profundizará más a delante, tenemos que tener en claro que a través del tiempo se le han dado a Seis Sigma diferentes enfoques en el medio industrial.

Seis Sigma puede ser enfocado desde dos grandes perspectivas:

a) **Estrategia del Negocio**: El fin último de una organización es "hacer dinero" para trascender en el tiempo y mejorar el nivel de vida de sus empleados, accionistas y la comunidad en la que se desenvuelte. Seis sigma se encuentra alineada a este fin último a través de los siguientes enfoques:

- **Benchmarking**. Seis Sigma puede ser utilizado como un patrón para comprar diferentes niveles de calidad entre diferentes procesos o compañías y tomar las acciones necesarias para ser el mejor en el giro industrial.

- **Meta**. Tradicionalmente la meta de Seis Sigma se conoce como llegar a cero defectos (0.0002 ppm de defectos). Sin embargo, este enfoque ha cambiado y la meta o el objetivo de Seis Sigma es incrementar la rentabilidad del negocio sustentado con una filosofía de mejora continua.

b) Metodología de Solución de Problemas o Proyectos: Esta perspectiva es la parte dura del enfoque de Seis Sigma, ya que incluye dos aspectos:

- **Metodología DMAIC**: Esta metodología debe ser utilizada en toda la organización para atacar proyectos de mejora o para solucionar problemas dentro de la organización, siempre y cuando la magnitud de los mismos lo ameriten, o cuando no se conozca la causa raíz que está originando el efecto no deseado.

- **Herramientas**: A través de la aplicación de herramientas no estadísticas (diagramas de flujo, matriz de causa efecto y AMEF entre otras) y de estadísticas básicas y avanzadas (Paretos, Inferencia estadística, distribuciones de probabilidad, gráficos de control y Diseño de Experimentos, entre otras) la metodología DMAIC ordena la aplicación de estas para maximizar los resultados.

En la siguiente tabla se resumen algunas de las diferencias entre un enfoque de control de calidad tradicional en las organizaciones y el enfoque de Seis Sigma.

CONTROL DE CALIDAD	SEIS SIGMA
Las herramientas estadísticas o aquellas utilizadas para la mejora continua son utilizadas de forma aislada en la organización.	A través de la metodología de DMAIC, ayuda estructurar la aplicación de las herramientas estadísticas y estas son utilizadas mas ampliamente en la organización por los Master Black Belt, Black Belt y los Green Belt.
Muchas de las decisiones que se toman son en base a intuiciones, presentimientos o el análisis de información obtenida de datos vagos.	Las decisiones de tomas después de analizar estadísticamente la información que una exhaustiva recolección de datos.
Se enfoca a la inspección de los productos o servicios, buscando detectar los defectos, para que estos no les lleguen a los clientes.	Busca controlar las variables que se encuentran relacionadas con las características de calidad del cliente.
El métrico utilizado es el porcentaje de piezas defectuosas	Los métricos utilizados son la cantidad defectos por millón de oportunidades (DPMO), Rolled Throughput Yield (RTY), Throughput Yield (TY) y Normalized Yield. Estos términos se explicarán mas adelante

Tabla 2.1 Control de Calidad vs Seis Sigma

2.2. La variación es nuestro principal enemigo

Los procesos productivos se encuentran compuestos principalmente por materiales, personas, medio ambiente, maquinaria e instrumentos de medición. Aunque nuestro proceso fuera ideal, donde el comportamiento de estas partes del proceso no tuvieran fluctuación, ningún producto fabricado sería exactamente igual al otro, siempre existirían pequeñas variaciones en las mediciones.

En todo proceso existen dos tipos de variación:

a) **Asignables o especiales:** son originadas cuando un de los principales componentes del proceso se encuentra fuera de control. Para la eliminación o reducción de este tipo de variación son utilizadas las 7 Herramientas Básicas de CTC.

b) **Aleatorias:** este tipo de variación es normal de los procesos, no origina que el producto se encuentra fuera de control. Para reducir este tipo de variación se requiere de una mayor inversión y requiere de análisis estadísticos más profundos, como un diseño de experimentos.

Pongamos un ejemplo para explicar mejor esto. Supongamos que nos encontramos en una cacería. Dentro del proceso de cacería podremos observar las siguientes partes: cazador (operador), rifle (máquina), mira telescópica (instrumento de medición), balas (materia prima) y las condiciones del ecosistema que nos rodea (medio ambiente)

Las siguientes podrían considerarse algunas causas asignables de variación para mi proceso de cacería:

- Mal pulso del cazador
- Bala defectuosa
- Mira telescópica descalibrada
- Fallas en el sistema de disparo del rifle

En este caso se pueden tomar acciones para eliminar las causas asignables de variación, como: la proporcionar un apoyo al cazador, comprar balas de mayor calidad, darle mantenimiento preventivo al rifle, calibrar la mira telescópica, etc.

Por otro lado, una falla aleatoria podría ser las condiciones del ecosistema (viento, lluvia, etc.) y si quisiéramos reducir la variación aleatoria originada, requeriríamos de análisis sofisticados para determinar la forma en la que el aire y la lluvia pudieran afectar la dirección del disparo.

Ahora, supongamos que la puntería del cazador describe una curva normal y que el 99.73% de sus disparos son certeros (esto equivale a 3σ), lo que representa que de cada 1000 disparos 3 serán fallados (ver figura 2.1).

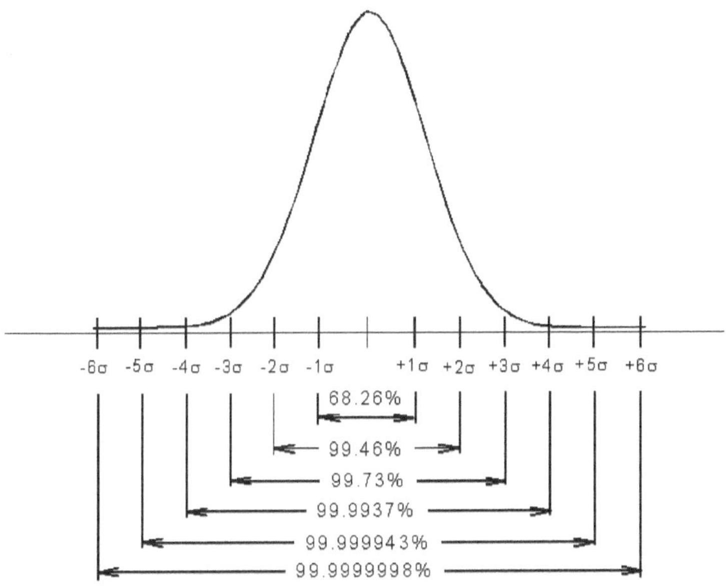

Figura 2.1 Porcentaje de piezas aceptadas vs. valores de +- σ

Sin embargo, ¿qué cantidad de disparos fallidos es aceptable? Para contestar esta pregunta pongámoslo en otras dimensiones (ver tabla 2.2)

SIGMA		3σ	4σ	5σ	6σ
Producción	Producto no conforme de una compañía que fabrica 5,000,000 de piezas anuales	13,500 piezas no conformes	315 piezas no conformes	2.85 piezas no conformes	0.1 piezas no conformes
Tiempo	Una empresa con 1000 trabajadores, proporcionan 2,800,000 Horas anuales disponibles para producir en una compañía.	7560 horas, improductivas, igual a 315 días	176.4 horas improductivas, igual a 7.35 días	1.59 horas improductivas, igual a 0.067 días	0.0056 horas improductivas, tiende a cero días
Tabla 2.2 Diferencias entre los valores de sigma					

Para sacar mas provecho a este ejemplo, pongámosle dinero. Para el primer caso un producto no conforme tiene un costo de $10.00 pesos la pieza en pura materia prima directa, la cual no puede ser reciclable. Si nuestra empresa se encontrara con un nivel de 3 sigma, esto representaría a tener una perdida de $135,000 pesos anuales. Por otro lado, al trabajar con niveles de calidad de 6 sigma, la empresa tendría una perdida de $1.00 peso anual.

En el otro ejemplo supongamos que el salario mínimo es de $43.00 pesos el día. Si nuestra empresa trabajara con niveles de 3 sigma, la empresa estaría pagando \$13,545 pesos por días improductivos, mientras que trabajando con un nivel de 6 sigma prácticamente no tendríamos días improductivos.

Existen 3 estrategias que pueden ser utilizadas para eliminar la variación de los procesos, por con siguiente disminuir la cantidad de piezas defectuosas. La primera consiste en contar con un control durante los ciclos de diseño del proceso y del producto, a través de reducir la cantidad de partes del producto y la cantidad de pasos del proceso, así como usando Control Estadístico de Procesos durante las etapas de diseño y de desarrollo de prototipos.

La segunda forma de eliminar la variación consiste en la utilización de SPC de manera continua, de esta forma se podrá reducir la variación producida por los procesos.

La tercer y última estrategia para reducir la variación involucra al proveedor. Los proveedores deben comprometerse a un programa para la reducción de la variación de las partes que nos son proporcionadas. Esto se puede lograr a través de un programa para desarrollo de proveedores, basado en el uso de Control Estadístico del Proceso y con miras a establecer convenios a largo plazo con los proveedores.

32

2.3. ¿Dónde se encuentran los 6σ?

Probablemente el ejemplo que hicimos en el sección 2.2, pudo haber originado una duda crucial que es necesaria aclarar en estos momentos, y sobre la cual se habla mucho. Trabajar con 6 sigma significa: *¿CERO DEFECTOS EN PARTES POR MILLÓN?* Aquí está la respuesta a esta inquietud.

Muchos han cuestionado el hecho de que cuando nos referimos a 6σ se haga la relación con 3.4 ppm, si viendo en una tabla normal (ver anexo 1), un proceso con 6 sigma representa aproximadamente cero ppm. Por lo tanto, es importante que expliquemos esta situación. Para esto, necesitamos comprender desde un principio que vivimos en un mundo dinámico, donde el medio ambiente (temperatura, humedad, viento, etc) se encuentra constantemente cambiando, al igual que las herramientas se van desgastando con el paso del tiempo. Estos cambios pueden originar que las características de los materiales o las partes utilizadas sean modificadas (variación aleatoria).

Matemáticos como Bender (1975), Evans (1975) y Gilson (1951) estudiaron el comportamiento de los procesos a lo largo del tiempo y todos estuvieron de acuerdo que a través del tiempo la curva normal de un proceso sufre un desplazamiento de ±1.5σ

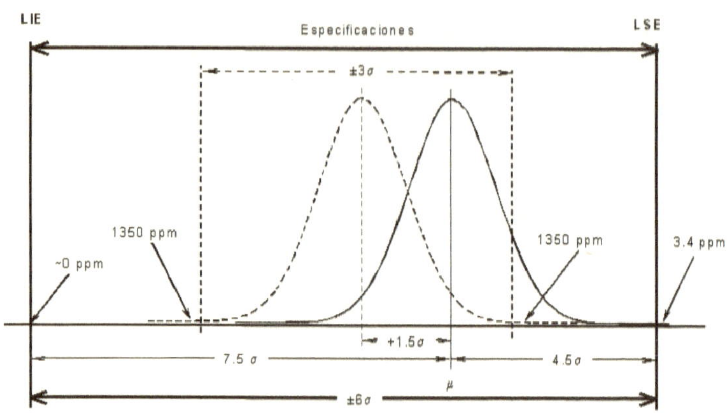

Figura 2.2 Proceso desplazado ±1.5σ

Para el ejercicio de la sección 2.2 utilizamos lo que se conoce como la sigma corta. Este valor de sigma es como si tomaras una foto a un proceso y lo analizas en un instante del tiempo. Sin embargo como ya lo vimos en esta sección, los procesos sufren ciertos desplazamientos a través del tiempo, a esto se conoce como sigma larga. En el anexo 2, puede observarse los valores de sigma corta, sigma larga, y los defectos por millón de oportunidad que representan.

Lo que debe importarnos es alcanzar un nivel de 4.5 sigma larga, es decir 6.0 sigma corta. Por eso, cuando se habla en la compañía de niveles de sigma, siempre tenemos que estar atentos y cuestionar a los demás miembros de la organización si se están refiriendo a la sigma corta o la larga.

35

2.4. La filosofía de Seis Sigma

Respaldando la utilización de la estadística para el análisis y solución de problemas, existe una filosofía que describe la forma de pensar del Dr., Mikel J. Harry (ver figura 2.3)

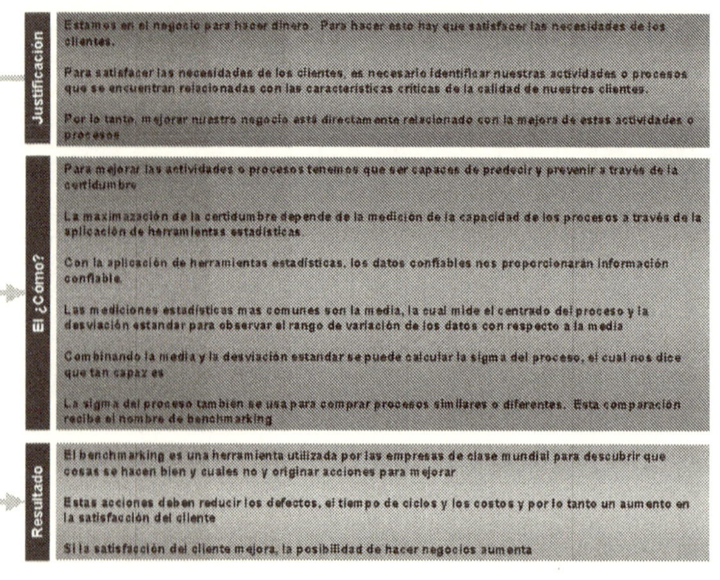

Figura 2.3 Filosofía Seis Sigma

Notas del Capítulo 2

37

Notas del Capítulo 2

38

CAPÍTULO 3.
SEIS SIGMA COMO UNA ESTRATEGIA DEL NEGOCIO Y COMO UNA METODOLOGÍA

3.1. Seis Sigma como una estrategia del negocio

Contrario a lo que muchos piensa, la meta de seis sigma no es obtener cero ppm ni 3.4 ppm de defectos, si no mejorar el rendimiento de la compañía ($) a través de la reducción de la variación en aquellas variables del proceso que se encuentran relacionadas con las características críticas a la calidad (CTQ´s) de los clientes externos o internos de la compañía por medio de la utilización de una metodología denominada DMAIC (ver tema 3.2)

Para lograr esto, seis sigma debe ser visto por la alta dirección como una estrategia del negocio a 3 niveles (ver figura 3.1):

I. **Directivo:** Se enfocan en la realización de mejoras significativas en lo que se refiere a sistemas de información y económicos para medir la retroalimentación de los clientes y la calidad de los proveedores. Proporcionan los recursos y la capacitación para la implementación y seguimiento de la estrategia, la cual debe ser realizada en un período de tres a cinco años.

II. Operacional: Utilizan el seis sigma para mejorar la participación en el mercado, aumentar la rentabilidad y asegurar la vida de la compañía con el pasar del tiempo a través de proyectos que toman de entre 12 y 18 meses.

III. Proceso: Utilizan la metodología DMAIC para reducir la variación y mejorar la capacidad de los procesos de acuerdo a las metas de los niveles operativos y directivos a través de proyectos que requieren de 6 a 8 semanas para la aplicación de la metodología y generar resultados (ahorros).

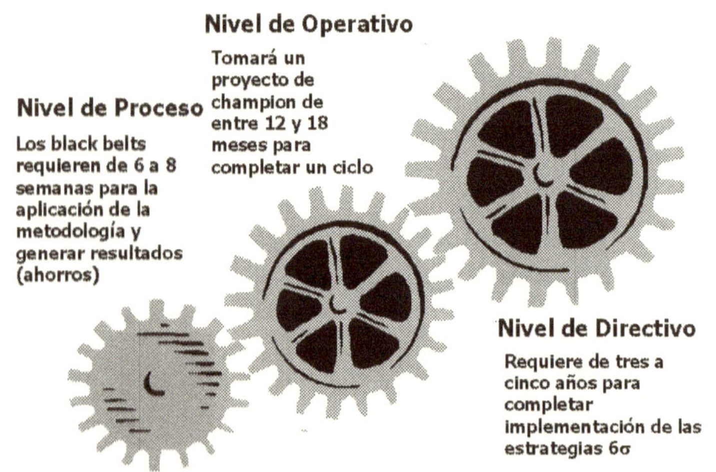

Figura 3.1 Niveles de implementación de la estrategia seis sigma

Para lograr el despliegue de la estrategia seis sigma la Academia Seis Sigma se encarga de la capacitación a los niveles directivos y los Masters Black Belt en conceptos básicos de la estrategia, para que posteriormente el despliegue en toda la organización sea realizado por los Master Black Belt y un director de seis sigma, el cual le reporta el avance en la implementación de esta estrategia directamente al director general de la organización.

Las funciones de los actores que participan en el despliegue de la estrategia son las siguientes:

a) Champions:

- Reportar a la dirección el avance que se tienen en cuanto a la implantación de la metodología y la realización de proyectos.

- Definir la forma de implementar seis sigma en la organización.

- Seleccionar los proyectos con un alto impacto.

- Crear la visión de seis sigma de la compañía.

- Soportar el desarrollo de un pensamiento estadístico.

- Proporcionar la capacitación a los Masters Black Belt.

- Su capacitación tiene una duración de una semana.

- Familiarizado con las herramientas estadísticas avanzadas.

- Se recomienda un Champion por división o gerencia.

b) Master Black Belt:

- Entender la situación actual del negocio.

- Compartir con la organización las mejores prácticas.

- Capacitar a los Black Belt y ayudarlos a certificarse.

- Tener un amplio conocimiento de técnicas estadísticas básicas y avanzadas.

- Su capacitación tiene una duración de dos semanas además de la duración de la capacitación del Black Belt.

- Se recomienda un Master Black Belt por cada 30 Black Belts.

c) Black Belt:

- Liderear equipos para la ejecución de proyectos y reportar sus avances.

- Trabajar el 100% de su tiempo en proyectos de seis sigma.

- Tener compromisos anuales de realizar 4 proyectos con reducción aproximada de cien mil dollares por proyecto.

- Enseñar y asesorar en el uso de las herramientas o metodologías.

- Tener un amplio conocimiento de técnicas estadísticas básicas y avanzadas.

- Su capacitación tiene una duración de 4 semanas espaciadas por 3 semanas entre cada una. Durante la impartición del curso se debe estar realizando un proyecto aplicando lo que se está viendo en el curso.

- Un Black Belt por cada 100 empleados

d) Green Belt:

- Trabajar el 50% del tiempo en la realización de proyectos utilizando la metodología DMAIC y el 50% restante de su tiempo en el cumplimiento de sus actividades diarias.

- Estar familiarizado con las herramientas estadísticas básicas.

- Su capacitación tiene una duración de una semana.

- Un Green Belt por cada 20 empleados

Comprendidas las funciones, roles y características de cada uno de los actores que intervienen en el despliegue de seis sigma, así como la forma de implementar la metodología según la academia seis sigma, proponemos el algoritmo de la figura 3.2, el cual se explica a continuación:

I. PLANEACIÓN

Planeación es la etapa más importante en un proceso de implementación no solo de seis sigma, si no para cualquier estrategia del negocio.

Durante esta etapa la compañía debe determinar el plan de implementación de la estrategia, como resultado de la realización de los puntos que se explican a continuación.

1. **Capacitación alta dirección.** Antes que la compañía de un paso en el proceso de implementación de esta estrategia, es muy importante que el comité directivo reciba una capacitación de lo que significa seis sigma, historias exitosas y fracasos, alcance, costo aproximado del proyecto y también desempolvar un poco los conceptos estadísticos. Esta actividad ayudará a que la alta dirección maneje un mismo lenguaje y tengan una meta definida.

2. **Benchmarking.** Durante esta segunda etapa de la planeación, la compañía debe ver que es lo que otras compañías se encuentran haciendo en materia de seis sigma. El benchmarking no necesariamente debe realizarse con nuestra competencia, también se pueden aprender cuestiones interesantes de otro tipo de organizaciones. Esta actividad nos ayudará de poder visualizar los errores o fallas y éxitos que otras organizaciones han cometido durante la implementación de la estrategia.

3. **Definición de roles y perfiles del personal.** El siguiente paso es definir los roles y los perfiles del personal de cada actor (Champion, Master Black Belt, Black Belt, Green Belt, etc) en el

proceso de implementación de la estrategia. Esta actividad nos ayudará a mantener cierto orden al momento de realizar el despliegue y el seguimiento. La importancia de esta actividad radica también en el hecho que los actores no solamente deben tener facilidades para el uso de herramientas estadísticas, sino también que también deben cubrir con otros perfiles, ya que estos actores son los candidatos a ser promovidos en la organización a puestos gerenciales o directivos. Dado que el despliegue y el fundamento de la metodología se encuentra basada en los Black Belt, es importante que las compañías entiendan que para mantener la implementación deben de considerar reconocimientos, sueldos y perfil de carrera para los Black Belts. De esta forma, la alta dirección podrá garantizar la implementación de la estrategia seis sigma, sin sufrir él pirateo de personal que actualmente tienen varias compañías.

4. **Definición de proyectos**. Aunque esta actividad volverá a realizarse varias veces en la etapa de despliegue y seguimiento, la definición de proyectos debe surgir en la etapa de planeación, ya que nos ayudará a visualizar donde se encuentran nuestras áreas

de oportunidad tanto por calidad, cobertura de mercado, costos, etc. Para la realización de esta actividad es necesario realizar sesiones de "workout" a todos los niveles de la organización. Al término de esta actividad, debe existir una base de datos con el nombre de todos los proyectos, el responsable del área por proyecto y el impacto económico que representa para la compañía.

5. **Definición de indicadores**. En esta actividad los directivos deben determinar una serie de indicadores que les ayuden a determinar como se encuentra el proceso de implementación seis sigma. Alguno de estos indicadores pueden ser: cantidad de Black Belts capacitados vs lo planeado, cantidad de Green Belts capacitados vs lo planeado, nivel sigma por gerencia o dirección, RTY (ver sección 3.3.), defectos por millón de oportunidades (DPMO), ahorros por gerencia generados por proyectos de seis sigma, ahorros generados por la planta en proyectos seis sigma vs inversión de la implementación de la estrategia, reducción en el costo del producto, tiempo de ciclo, etc.

He decidido no incluir la realización de una prueba piloto como una etapa más de la implementación de la estrategia, ya que esto suele depender de las organizaciones. Sin embargo, mi recomendación es que se seleccione una división o gerencia dentro de la organización para poder realizar una prueba piloto con el proceso de implementación de la estrategia seis sigma. Los resultados de esta prueba pueden ayudar mucho al momento de implementar la estrategia a escalas grandes.

II. Despliegue

El despliegue de la estrategia básicamente consiste en la realización y seguimiento de los proyectos que se estén dando en diferentes áreas dentro de la organización. Para esto se requiere de la presencia de los Master Black Belt, Black Belt y Green Belts como veremos a continuación.

6. **Capacitación de Master Black Belt**. La propagación de la estrategia seis sigma en el mercado industrial a ayudado a que las compañías que buscan Master Black Belts los encuentren mas fácilmente, o en el peor de los casos contrate Black Belts y les impartan un curso de master Black Belt. Ahora, partiendo del hecho que una compañía desea seleccionar

dentro de su gente interna personal para que realice las funciones de master Black Belt (1 Master Black Belt por cada 30 Black Belt, según la academia), debe considerar que los Masters Black Belt deben recibir la misma capacitación que el Black Belt para tener un correcto domino de las herramientas estadísticas y además una capacitación especialidad para que estas personas puedan transmitir correctamente sus conocimientos a los nuevos Black Belts y Green Belts.

7. **Capacitación de Black Belts.** Como se mencionó anteriormente, la capacitación de los Black Belts tiene por lo regular una duración de 4 semanas, cada semana espaciada por 3 semanas en las cuales deberán estar aplicando lo aprendido a través de la realización de un proyecto en alguna de las gerencias o divisiones de la compañía. A diferencia de los Master Black Belts, los Black Belts pueden ser capacitados en varias oleadas, hasta que la compañía cuente con la cantidad de Black Belt que se ajusta a sus necesidades (según la Academia Seis Sigma se requieren 1 por cada 100 empleados).

8. **Asignación de Black Belts a proyectos.** Antes de empezar la capacitación, cada Black Belt ya debe de estar asignado a un proyecto de acuerdo a las prioridades dadas durante la actividad 4 de la etapa de planeación. Antes de terminar este proyecto, los Black Belt ya deben ser asignados a otro nuevo proyecto. El registro de los proyectos realizados por cada Black Belt y sus ahorros deben estar en la base de datos mencionada en el punto 4 de la etapa de planeación.

9. **Capacitación de Green Belts.** Cuando el pool de Black Belts se encuentra completo, el siguiente paso consiste en empezar con el desarrollo de los Green Belts (1 Green Belt por cada 20 empleados, según la academia seis sigma). La finalidad de estos Green Belts es continuar con el despliegue de la utilización de las herramientas estadísticas y el enfoque al cliente a través de la participación de mas miembros de la organización, los cales son los futuros reemplazos de los Black Belts.

10. **Seguimiento a proyectos.** La forma de darle seguimiento a los proyectos que se están realizando puede ser muy variada. Mi experiencia recomienda que cada Champion

realice de forma semanal una junta con el Master Black Belt, Black Belt, Green Belts y personal de finanzas para darle seguimiento a los proyectos de su área y validar los ahorros que se estén generando.

III. Seguimiento

A diferencia del punto 8 de la etapa de despliegue, este seguimiento hace referencia a los indicadores del negocio mencionados en le punto 6 de la etapa de planeación. A través de un seguimiento mensual a estos indicadores, la dirección debe tomar acciones correctivas y preventivas para asegurar que se cumpla con el plan de implementación desarrollado en la etapa de planeación. Como resultado de este seguimiento, también se generan nuevos proyectos, se asignen nuevas prioridades y recursos.

IV. Satisfacción del Cliente

La salida del modelo de implementación debe ser una correcta implementación de la metodología seis sigma, la cual contribuirá a proporcionar a nuestros clientes productos o servicios con mejor calidad. Por lo tanto, la retroalimentación que obtengamos de los clientes sobre sus necesidades debe ser considerada una entrada al modelo, la cual permitirá mantener el rumbo y la dirección de la estrategia.

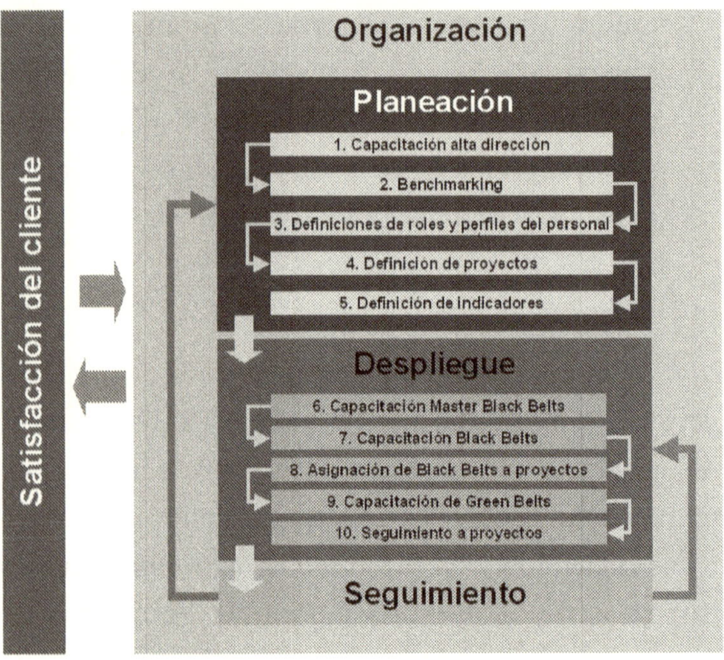

Figura 3.2. Algoritmo para la implementación de la estrategia seis sigma

3.2. Seis sigma como una metodología

Cuando hablamos de la metodología seis sigma nos referimos al DMAIC, por las siglas de las palabras en inglés Define, Measure, Analyze, Improve y Control. A través de cada una de las etapas de esta metodología se van utilizando varias herramientas estadísticas básicas o avanzadas, que nos permiten ir eliminando el ruido que tiene nuestro proceso hasta poder determinar de forma precisa aquellas cosas que están originando el que mi características crítica de calidad no sea la esperada por el cliente.

El propósito de cada etapa de la metodología DMAIC, así como las herramientas que esta usa se muestran a continuación.

Define

- Se define el proyecto, los miembros del equipo, ahorros estimados y las características *Critical To Quality (CTQ´s)*.

- Herramientas utilizadas: Diagrama de flujo, Matriz de Causa – Efecto e indicadores visuales.

Measure

- Se estudia el sistema de medición con el cual se monitorean las variables del proceso de afectan a las características críticas de calidad encontradas en la etapa de definición.

- Se entiende la naturaleza y propiedades de datos.

- Se contemplan donde puede haber errores de medición.

- Determina si un proceso es estable o predecible.

- Se realizan comparaciones con otros procesos semejantes dentro de la compañía o afuera de la misma.

- Herramientas utilizadas: Benchmarking, Métodos Gráficos, Análisis del Sistema de Medición (MSA).

Analize

- Se busca la causa raíz del problema o las variables que están afectando los CTQ´s seleccionados.

- El problema es estudiado estadísticamente.

- Herramientas utilizadas: Diagrama de Causa-Efecto, Probabilidad y Estadística Básica, Inferencia Estadística, inicio del Análisis del Modo y Efecto de la Falla (AMEF).

Improve

- Se define un plan de acción enfocado a atacar las causas raíz y mejorar los indicadores seleccionados.

- Herramientas utilizadas: Se termina el AMEF y se utilizan técnicas de Diseño de Experimentos para determinar la relación entre las variables de respuesta y de salida.

Control

- Se definen mecanismos de control que aseguren que las acciones tomadas en la etapa de IMPROVE no se dejen de realizar con el paso del tiempo.

- Herramientas utilizadas: Control Estadístico del Proceso, Plan de Control y Documentación de cambios en el sistema de calidad (ISO 9000:2000).

3.3 Métricos de seis sigma

*"We don´t know what we don't know
We can´t act on what we don't know
We won´t know until we search
We won´t search for what we don't question
We don´t question what we don't measure"*

Dr. Mikel Harry

Los métricos crean un lenguaje común para la comunicación. Necesitamos métricos con la finalidad de:

a) Diferenciar entre la percepción, intuición y realidad.

b) Identificar y verificar las áreas problemáticas que aun no han sido detectadas.

c) Entender mejor los procesos y determinar que factores son importantes y cuales no.

Esencialmente hay 3 métricos que se manejan en seis sigma, los cuales, cuando se usan de forma conjunta pueden mostrar las ineficiencias de un proceso o compañía. Estos métricos son:

a) Throughput yield (TY)

b) Rolled throughput yield (RTY)

c) Normalized yield (NY)

Como podrá verse a continuación, cada unos de estos métricos está basado en la cantidad de defectos producidos, mientras que las formas más comunes de medición están basadas con la cantidad de unidades producidas.

Throughtput yield (TY)

Es la probabilidad de producir piezas libres de cualquier defecto en una etapa en el particular de todo el proceso. La forma de representarlo matemáticamente se puede ver en la ecuación 1.

Ec. 1
$$TY = 1 - DPO$$

donde
Ec. 2
$$DPO = \frac{DPU}{Op}$$

y
Ec. 3
$$DPU = \frac{defectos}{productos}$$

DPO = Defectos por oportunidad
DPU = Defectos por unidad

Op = Cantidad de oportunidades de que un producto de que sea defectuoso

Defectos = Cantidad de defectos encontrados

Productos = Cantidad de productos producidos o cantidad de productos utilizados para el cálculo.

Como podemos ver, el throughput yield mide la eficiencia del proceso y se encuentra basado en el número total de características críticas de calidad por unidad, no en el número de unidades producidas. Por lo tanto se dice que el throughput yield es una medida de que tan buena es la calidad de cada uno de los procesos de la compañía.

Rolled thorought yield

Es la probabilidad de que una cantidad de producto o servicio pase por todas las etapas de un proceso libre de defectos. Matemáticamente puede ser expresado como se muestra en la ecuación 4.

Ec. 4

$$RTY = TY_{proceso\ 1} * TY_{proceso\ 2} * TY_{proceso\ 3\ .....}$$

Mientras que el throughput yield es solamente sensitivo al numero de características críticas a la calidad en un producto, el rolled throughput yield es sensitivo tanto al numero de característica críticas para la calidad, como para el número de pasos en el proceso

Normalized Yield

Es el cálculo de un promedio de TY para una cantidad determinada de pasos dentro de un proceso partiendo de un valor de RTY. Matemáticamente puede ser representado como aparece en la ecuación 5.

Ec. 5
$$NY = \sqrt[n]{RTY}$$

donde

n = cantidad de pasos de los que consta un proceso.

3.4 ¿Quiénes utilizan la Metodología Seis Sigma y por qué?

Aunque puede pensarse que Seis Sigma solo puede ser utilizado en compañías con un giro de manufactura, Seis Sigma puede ser utilizado en aquellas que se dedican a dar servicios, ya que esta Seis Sigma se enfo a aumentar la satisfacción de los clientes y para lograr esto solamente tenemos de detectar y mejorar las características críticas de calidad del servicio.

Una gran variedad de compañías han encontrado en la estrategia seis sigma amplios beneficios, como:

    a) Incremento de su participación en el mercado

    b) Reducción de sus costos

    c) Aumento de sus capacidades de producción

    d) Incremento de sus márgenes de ganancias

Algunas de estas empresas son:

    σ Asea Brown Boveri (ABB)

    σ General Electric (GE)

    σ Navistar

- σ Allied Signal
- σ Motorola
- σ IBM
- σ Texas Instrument

Como consecuencia de la implementación de esta metodología las empresas han obtenido resultados sorprendentes:

- σ Allied Signal ha declarado que entre 1995 y el primer cuarto de 1997 ahorros superiores a los $800 millones de dólares.

- σ Jack Welch (CEO de GE) espera que en 5 años después de haber comenzado la iniciativa de Seis Sigma, se obtengan ahorros que vayan de los $8 a los 12 billones de dólares. Para esto GE invirtió en 1997 $400 millones de dólares en el entrenamiento de Seis Sigma. Actualmente GE cuenta con 4000 Black Belt, los cuales produjeron 17,000 proyectos en un año, esto significa aproximadamente 4 proyectos por Black Belt.

- σ Tres proyectos de Navistar generaron ahorros de $540,000 dólares.

A pesar que la aplicación de seis sigma tuvo su origen en las industrias manufactureras, seis sigma puede ser utilizado en compañías que ofrezcan servicios. Tan es así, que las mismas compañías manufactureras aplican proyectos de seis sigma en departamentos como recursos humanos, cuentas por pagar, facturación, mercadotecnia, ventas, sistemas, etc.

Lo importante al momento de comenzar a usar la estrategia seis sigma es determinar la forma en la cual se podrán cuantificar los beneficios económicos originados por los proyectos en la organización.

Notas del Capítulo 3

65

Notas del Capítulo 3

Capítulo 4.
Mitos y realidades de seis sigma

Al igual que muchas otras metodologías que han salido al mercado para ayudar a las compañías a mejorar sus niveles de calidad y la rentabilidad de la misma, seis sigma a originado comentarios divididos. Algunos de los comentarios y su respectiva explicación se incluyen en esta sección.

I. Seis Sigma no es nada nuevo

Efectivamente, seis sigma no es algo nuevo. Si lo analizamos como una metodología para atacar problemas (DMAIC) podemos compararlo con otras metodologías como la Ruta de la Calidad (Panear, Hacer, Verificar, Actuar).

Por otra parte, las herramientas utilizadas por seis sigma no son nuevas, se conocen desde mucho tiempo atrás. Las únicas dos diferencias consisten en que a una persona se le ocurrió agrupar la utilización de estas herramientas en una metodología (DMAIC) con la finalidad de poder caracterizar los procesos a través de la aplicación de la probabilidad y la estadísticas y ligar con el departamento de finanzas los resultados económicos que originan los proyectos.

II. Los Black Belt son la clave para una exitosa implementación de la estrategia seis sigma

Cada uno de los actores dentro del proceso de implementación de la estrategia seis sigma son muy importantes. Sin embargo, los que proporcionan los ahorros a las compañías y los trabajan en el día a día con la metodología seis sigma son los Black Belt

Varias empresas han tardado en darse cuenta que la clave para que la estrategia seis sigma funcione, se encuentran en los Black Belt (obviamente, después del apoyo de la dirección para la implementación de la estrategia) ya que estos son los que se encargan de estar trabajando el 100% de su tiempo en proyectos, originando beneficios económicos para la compañía y validados por el área de finanzas.

Desgraciadamente la situación que muchas compañías viven es la de estar apagando fuegos, por lo cual el personal no dispone del tiempo para estar realizando otras funciones adicionales a las de su puesto (como proyectos de seis sigma). Mientras que por lo cual, un proyecto a un Black Belt le llevaría de 8 a 12 semanas, a otra persona con la misma capacitación pero realizando otras funciones le tomaría hasta 24 semanas. Aunque suene triste, los empleados no tienen tiempo para realizar un correcto análisis de una problemática determinada.

Por tal motivo, las empresas deben poner mucha atención en aspectos como la selección de los Black Belt, definición de sus roles y planes para el desarrollo y la retención de los mismos.

III. Donde encaja seis sigma con otras estrategias de la compañía como círculos de calidad, ISO 9000, etc.

Seis sigma debe ser vista como otra estrategia mas que tiene la organización para cumplir con sus objetivos planteados en la planeación estratégica. Seis sigma no tiene que estar peleado con otros esfuerzos, como Círculos de Calidad o Certificaciones ISO 9000.

Por ejemplo, Mientras que un Círculo de Calidad es un grupo de personas de una misma área que se reúnen periódicamente para resolver problemas propios de su área de trabajo, los equipos formados en seis sigma son multidisciplinarios y una vez terminado el proyecto no se vuelven a reunir. Los equipos de seis sigma se enfocan a proyectos donde se requiere de la aplicación estadística para la solución del mismo.

Por otro lado, las compañías que cuentan con ISO 9000 tienen la ventaja de poder documentar las mejoras realizadas en el sistema de calidad. También en varias ocasiones facilitarán la toma de datos para la realización de los proyectos a través de los formatos con los cuales se cuentan.

IV. Seis sigma no son 3.4 ppm de defectos

Como ya se vio en los capítulos anteriores. Si tomamos una tabla de la distribución normal, valores Z=6 no representan 3.4 ppm, sino aproximadamente cero. Esto se debe a la consideración que se realizó sobre el desplazamiento de 1.5 sigma que sufre la curva normal conforme pasa el tiempo (ver anexo 2).

V. Utilidades a corto plazo vs a largo plazo

Contrario a lo que se piensa en la cultura de calidad tradicional, donde el Dr. Deming nos solicitaba que no busquemos las utilidades en el corto tiempo sino a largo plazo, seis sigma se enfoca en utilidades a corto plazo. Desde el momento que se autoriza trabajar en un proyecto de seis sigma, se tienen cuantificados los ahorros estimados que se pueden conseguir, los cuales son validados por un área financiera.

No podemos decir que estos esté bien o mal, sin embargo, esta estrategia de validar los ahorros, ha tenido un gran impacto en el medio industrial y financiero (caso GE). Lo importante es que las empresas no pierdan de vista que decisiones a corto plazo no son necesariamente las mejores.

VI. Seis Sigma para todos

Auque Motorola fue el precursor de seis sigma, se debe reconocer que General Electric (GE) como la compañía que mejor a utilizado la mercadotecnia para vendar a clientes y proveedores los beneficios económicos que han generados gracias a esta estrategia.

Esta situación ha originado una reacción en cadena: las compañías que compran la idea de seis sigma la empiezan a implementar y después de un tiempo estos se las exigen a sus proveedores (situación que no está mal), la cual a originado en el mundo de la consultoría y capacitación una gran cantidad de asesores, compañías e universidades que ofrecen cursos que en muchos casos llegan a costar hasta $70,000 pesos, lo equivalente a un semestre de medio semestre de maestría de cualquier prestigiosa universidad del país.

Tanto ha sido el auge del seis sigma, que hasta existe un organismo para la certificación internacional de Black Belts.

Sin embargo, existen compañías que no cuentan con los recursos económicos para llevar acabo capacitaciones tan caras, así como contratar asesores que cobran las perlas de la virgen por ser el seis sigma una novedad. Para estas compañías, mi recomendación es que busquen asesores que probablemente no estén certificados como Black Belts y quizás ni hallan tomado un curso de seis sigma, pero que tengan un background muy fuerte en lo que se refiere el uso de las herramientas estadísticas utilizadas por seis sigma, para que les enseñe la forma de utilizar ordenadamente estas herramientas para sacar el mayor provecho posible.

Notas del Capítulo 4

75

Notas del Capítulo 4

76

CAPÍTULO 5.
EJEMPLO DE LA APLICACIÓN DE LA METODOLOGÍA SEIS SIGMA

Sin perder uno de los puntos importantes de este libro, "el eliminar lo mas posible el uso de ecuaciones estadísticas", a continuación se presenta un ejemplo de la aplicación de la metodología seis sigma. Durante las 5 etapas del proyecto se describirá el uso de las herramientas utilizadas y los resultados que se obtuvieron.

Definición

Como el proyecto surge por una solicitud explicita de un cliente, la característica critica a la calidad a analizar fue la cantidad fue motas en fibras textiles.

El equipo de trabajo estaba formado por ingenieros de calidad, personal de laboratorio, ventas, producción, procesos y mantenimiento, quienes definieron como objetivo del proyecto: reducir de un 10% a un 8% la producción que es degradada como segunda por la presencia de motas.

Utilizando un diagrama de flujo, el equipo analizó la relación cliente-proveedor interno para las 3 plantas utilizadas en el proceso de fabricación, obteniendo para cada planta sus entradas y salidas.

Medición

El equipo realizó un estudio de Repetitividad y Reproducibilidad (Gage R&R) a los instrumentos con los que se median las variables del proceso y las características de calidad. Esto con la finalidad de verificar si nuestro sistema de medición; operario, instrumento y método de medición, no originaban ruido en nuestra información. El resultado de los análisis Gage R&R nos indicó que los instrumentos de medición utilizados actualmente cumplían con nuestras necesidades.

Por último, en esta etapa, se realizó la medición de la eficiencia (Throughput Yield) de las 3 plantas y del Rolled Throughput Yield (RTY), el cual puede definirse como la probabilidad de tener cero defectos a lo largo de todas las etapas del proceso productivo (en nuestro caso, las 3 plantas).

PLANTA	DESEMPEÑO
Planta I	0.90
Planta II	0.75
Planta III	0.82
RTY	**55%**

Análisis

En esta etapa el equipo realizó una lluvia de ideas para después realizar un diagrama de causa – efecto y así poder determinar las posibles causas que afectan a mi efecto de no deseado (motas)

PLANTA	CAUSA RAIZ
Planta I	Corte de gránulo
Planta I	Viscosidad del gránulo
Planta II	Temperatura
Planta II	Viscosidad del gránulo
Planta III	Avivaje
Planta III	Limpieza de Máquinas

Para determinar cual de las 6 posibles causas raíz atacar se realizaron varios análisis de correlaciones vs. segunda calidad por motas, encontrando que una de ellas presentaban una correlación, esta es: Viscosidad de los gránulos

Mejora

La experiencia del equipo multidisciplinario estuvo de acuerdo en atacar la viscosidad, para eso a través de un diseño de experimentos se logro determinar que tanto el tamaño del gránulo (un producto final de la planta 2 y materia prima de la planta 3), como las temperaturas utilizadas, mas que causas raíz independientes, eran causas que originaban variación en la viscosidad. Por tal motivo, en la etapa de mejora se buscó la forma de eliminar estas causas raíz a través de las siguientes actividades:

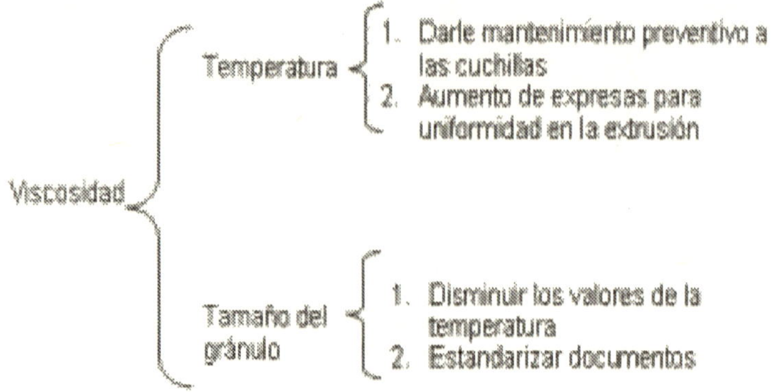

Como resultado de estas acciones los niveles de calidad aumentaron significativamente. Anteriormente el nivel de segunda calidad era superior al 10% de la producción, después de dos meses de la aplicación de las mejoras el nivel de segunda calidad se encontraba en 6%.

Control

En esta última etapa, el equipo dejó un plan de control, el cual incluía formatos, instructivos de mantenimiento, especificaciones para variables del proceso, poka yokes y gráficas de control con los responsables de realizar las actividades, para que las acciones tomadas no se pierdan con el paso del tiempo.

Después de 1 año de terminado el proyecto, los niveles de segunda calidad se encuentran en 3% y la empresa a obtenido un ahorro anual aproximado a los $500,000 dlls.

Para mayor información sobre este proyecto, por favor buscar el artículo "SEIS SIGMA. LA CAMPANA MAS CODICIADA" en la revista Manufactura (www.manufacturaweb.com) mes de octubre del 2002.

Notas del Capítulo 5

84

ANEXO 1.
TABLA DE UNA DISTRIBUCIÓN NORMAL

Z	Area	Z	Area
0.00	0.500000	0.25	0.401294
0.01	0.496011	0.26	0.397432
0.02	0.492022	0.27	0.393580
0.03	0.488034	0.28	0.389739
0.04	0.484047	0.29	0.385908
0.05	0.480061	0.30	0.382089
0.06	0.476078	0.31	0.378280
0.07	0.472097	0.32	0.374484
0.08	0.468119	0.33	0.370700
0.09	0.464144	0.34	0.366928
0.10	0.460172	0.35	0.363169
0.11	0.456205	0.36	0.359424
0.12	0.452242	0.37	0.375691
0.13	0.448283	0.38	0.351973
0.14	0.444330	0.39	0.348268
0.15	0.440382	0.40	0.344578
0.16	0.436441	0.41	0.340903
0.17	0.432505	0.42	0.337243
0.18	0.428576	0.43	0.333598
0.19	0.424655	0.44	0.329969
0.20	0.420740	0.45	0.326355
0.21	0.416834	0.46	0.322758
0.22	0.412936	0.47	0.319178
0.23	0.409046	0.48	0.315614
0.24	0.405165	0.49	0.312067

Z	Area	Z	Area
0.50	0.308538	0.70	0.241964
0.51	0.305026	0.71	0.238852
0.52	0.301532	0.72	0.235763
0.53	0.298056	0.73	0.232695
0.54	0.294599	0.74	0.229650
0.55	0.291160	0.75	0.226627
0.56	0.287740	0.76	0.223627
0.57	0.284339	0.77	0.220650
0.58	0.280957	0.78	0.217695
0.59	0.277595	0.79	0.214764
0.60	0.274253	0.80	0.211855
0.61	0.270931	0.81	0.208970
0.62	0.267629	0.82	0.206108
0.63	0.264347	0.83	0.203269
0.64	0.261086	0.84	0.200454
0.65	0.257846	0.85	0.197663
0.66	0.254627	0.86	0.194895
0.67	0.251429	0.87	0.192150
0.68	0.248252	0.88	0.189430
0.69	0.245097	0.89	0.186733

Z	Area	Z	Area
0.90	0.184060	1.10	0.135666
0.91	0.181411	1.11	0.133500
0.92	0.178786	1.12	0.131357
0.93	0.176186	1.13	0.129238
0.94	0.173609	1.14	0.127143
0.95	0.171056	1.15	0.125072
0.96	0.168528	1.16	0.123024
0.97	0.166023	1.17	0.121000
0.98	0.163543	1.18	0.119000
0.99	0.161087	1.19	0.117023
1.00	0.158655	1.20	0.115070
1.01	0.156248	1.21	0.113139
1.02	0.153864	1.22	0.111232
1.03	0.151505	1.23	0.109349
1.04	0.149170	1.24	0.107488
1.05	0.146859	1.25	0.105650
1.06	0.144572	1.26	0.103835
1.07	0.142310	1.27	0.102042
1.08	0.140071	1.28	0.100273
1.09	0.137857	1.29	0.098525

Z	Area	Z	Area
1.30	0.096800	1.50	0.066807
1.31	0.095098	1.51	0.065522
1.32	0.093418	1.52	0.064255
1.33	0.091759	1.53	0.063008
1.34	0.090123	1.54	0.061780
1.35	0.088508	1.55	0.060571
1.36	0.086915	1.56	0.059380
1.37	0.085343	1.57	0.058208
1.38	0.083793	1.58	0.057053
1.39	0.082264	1.59	0.055917
1.40	0.080757	1.60	0.054799
1.41	0.079270	1.61	0.053699
1.42	0.077804	1.62	0.052616
1.43	0.076359	1.63	0.051551
1.44	0.074394	1.64	0.050503
1.45	0.073529	1.65	0.049471
1.46	0.072145	1.66	0.048457
1.47	0.070781	1.67	0.047460
1.48	0.069437	1.68	0.046479
1.49	0.068112	1.69	0.045514

Z	Area	Z	Area
1.70	0.044565	1.90	0.028717
1.71	0.043633	1.91	0.028067
1.72	0.042716	1.92	0.027429
1.73	0.041815	1.93	0.026803
1.74	0.040930	1.94	0.026190
1.75	0.040059	1.95	0.025588
1.76	0.039204	1.96	0.024998
1.77	0.038364	1.97	0.024419
1.78	0.037538	1.98	0.023852
1.79	0.036272	1.99	0.023295
1.80	0.035930	2.00	0.022750
1.81	0.035148	2.01	0.022216
1.82	0.034380	2.02	0.021692
1.83	0.033625	2.03	0.021178
1.84	0.032884	2.04	0.020675
1.85	0.032157	2.05	0.020182
1.86	0.031443	2.06	0.019699
1.87	0.030742	2.07	0.019226
1.88	0.030054	2.08	0.018763
1.89	0.029379	2.09	0.018309

Z	Area	Z	Area
2.10	0.017864	2.30	0.010724
2.11	0.017429	2.31	0.010444
2.12	0.017003	2.32	0.010170
2.13	0.016586	2.33	0.009903
2.14	0.016177	2.34	0.009642
2.15	0.015778	2.35	0.009387
2.16	0.015386	2.36	0.009137
2.17	0.015003	2.37	0.008894
2.18	0.014629	2.38	0.008656
2.19	0.014262	2.39	0.008424
2.20	0.013903	2.40	0.008198
2.21	0.013553	2.41	0.007976
2.22	0.013209	2.42	0.007760
2.23	0.012874	2.43	0.007549
2.24	0.012545	2.44	0.007344
2.25	0.012224	2.45	0.007143
2.26	0.011911	2.46	0.006947
2.27	0.011604	2.47	0.006756
2.28	0.011304	2.48	0.006569
2.29	0.011011	2.49	0.006387

Z	Area	Z	Area
2.50	0.006210	2.70	0.003467
2.51	0.006037	2.71	0.003364
2.52	0.005868	2.72	0.003264
2.53	0.005703	2.73	0.003167
2.54	0.005543	2.74	0.003072
2.55	0.005386	2.75	0.002980
2.56	0.005234	2.76	0.002890
2.57	0.005085	2.77	0.002803
2.58	0.004940	2.78	0.002718
2.59	0.004799	2.79	0.002635
2.60	0.004661	2.80	0.002555
2.61	0.004527	2.81	0.002477
2.62	0.004396	2.82	0.002401
2.63	0.004269	2.83	0.002327
2.64	0.004145	2.84	0.002256
2.65	0.004025	2.85	0.002186
2.66	0.003907	2.86	0.002118
2.67	0.003793	2.87	0.002052
2.68	0.003681	2.88	0.001988
2.69	0.003573	2.89	0.001926

Z	Area	Z	Area
2.90	0.001866	3.10	0.000968
2.91	0.001807	3.11	0.000935
2.92	0.001750	3.12	0.000904
2.93	0.001695	3.13	0.000874
2.94	0.001641	3.14	0.000845
2.95	0.001589	3.15	0.000816
2.96	0.001558	3.16	0.000789
2.97	0.001489	3.17	0.000762
2.98	0.001441	3.18	0.000736
2.99	0.001395	3.19	0.000711
3.00	0.001350	3.20	0.000687
3.01	0.001306	3.21	0.000664
3.02	0.001264	3.22	0.000641
3.03	0.001223	3.23	0.000619
3.04	0.001183	3.24	0.000598
3.05	0.001144	3.25	0.000557
3.06	0.001107	3.26	0.000538
3.07	0.001070	3.27	0.000519
3.08	0.001035	3.28	0.000501
3.09	0.001001	3.29	0.000483

Z	Area	Z	Area
3.30	0.000466	3.50	0.000233
3.31	0.000450	3.51	0.000224
3.32	0.000434	3.52	0.000216
3.33	0.000419	3.53	0.000208
3.34	0.000414	3.54	0.000200
3.35	0.000404	3.55	0.000193
3.36	0.000390	3.56	0.000185
3.37	0.000376	3.57	0.000178
3.38	0.000362	3.58	0.000172
3.39	0.000349	3.59	0.000165
3.40	0.000337	3.60	0.000159
3.41	0.000325	3.61	0.000153
3.42	0.000313	3.62	0.000147
3.43	0.000302	3.63	0.000142
3.44	0.000291	3.64	0.000136
3.45	0.000280	3.65	0.000131
3.46	0.000270	3.66	0.000126
3.47	2.000260	3.67	0.000121
3.48	0.000251	3.68	0.000117
3.49	0.000242	3.69	0.000112

Z	Area	Z	Area
3.70	0.000108	3.90	0.000048
3.71	0.000104	3.91	0.000046
3.72	0.000100	3.92	0.000044
3.73	0.000096	3.93	0.000042
3.74	0.000092	3.94	0.000041
3.75	0.000088	3.95	0.000039
3.76	0.000085	3.96	0.000037
3.77	0.000082	3.97	0.000036
3.78	0.000078	3.98	0.000034
3.79	0.000075	3.99	0.000033
3.80	0.000072	4.00	0.000032
3.81	0.000069	4.01	0.000030
3.82	0.000067	4.02	0.000029
3.83	0.000064	4.03	0.000028
3.84	0.000062	4.04	0.000027
3.85	0.000059	4.05	0.000026
3.86	0.000057	4.06	0.000025
3.87	0.000054	4.07	0.000024
3.88	0.000052	4.08	0.000023
3.89	0.000050	4.09	0.000022

Z	Area	Z	Area
4.10	0.000021	4.30	0.000009
4.11	0.000020	4.31	0.000008
4.12	0.000019	4.32	0.000008
4.13	0.000018	4.33	0.000007
4.14	0.000017	4.34	0.000007
4.15	0.000017	4.35	0.000007
4.16	0.000016	4.36	0.000007
4.17	0.000015	4.37	0.000006
4.18	0.000015	4.38	0.000006
4.19	0.000014	4.39	0.000006
4.20	0.000013	4.40	0.000005
4.21	0.000013	4.41	0.000005
4.22	0.000012	4.42	0.000005
4.23	0.000012	4.43	0.000005
4.24	0.000011	4.44	0.000004
4.25	0.000011	4.45	0.000004
4.26	0.000010	4.46	0.000004
4.27	0.000010	4.47	0.000004
4.28	0.000009	4.48	0.000004
4.29	0.000009	4.49	0.000004

Z	Area	Z	Area
4.50	0.000003	4.73	0.000001
4.51	0.000003	4.74	0.000001
4.52	0.000003	4.75	0.000001
4.53	0.000003	4.76	0.000001
4.54	0.000003	4.77	0.000001
4.55	0.000003	4.78	0.000001
4.56	0.000003	4.79	0.000001
4.57	0.000002	4.80	0.000001
4.58	0.000002	4.81	0.000001
4.59	0.000002	4.82	0.000001
4.60	0.000002	4.83	0.000001
4.61	0.000002	4.84	0.000001
4.62	0.000002	4.85	0.000001
4.63	0.000002	4.86	0.000001
4.64	0.000002	4.87	0.000001
4.65	0.000002	4.88	0.000001
4.66	0.000002	4.89	0.000001
4.67	0.000002	4.90	0.000000
4.68	0.000001	4.91	0.000000
4.69	0.000001	4.92	0.000000
4.70	0.000001	4.93	0.000000
4.71	0.000001	4.94	0.000000
4.72	0.000001	4.95	0.000000

Anexo 2.
Sigma Corta, Sigma Larga, DPMO y Yield

Sigma Corta	Sigma Larga	DPMO	Yield %
6.0	4.5	3.4	99.99966
5.9	4.4	5.4	99.99946
5.8	4.3	8.5	99.99915
5.7	4.2	13	99.99866
5.6	4.1	21	99.9979
5.5	4.0	32	99.9968
5.4	3.9	48	99.9952
5.3	3.8	72	99.9928
5.2	3.7	108	99.9892
5.1	3.6	159	99.984
5.0	3.5	233	99.977
4.9	3.4	337	99.966
4.8	3.3	483	99.952
4.7	3.2	687	99.931
4.6	3.1	968	99.90
4.5	3.0	1,350	99.87
4.4	2.9	1,866	99.81
4.3	2.8	2,555	99.74
4.2	2.7	3,467	99.65
4.1	2.6	4,661	99.53
4.0	2.5	6,210	99.38
3.9	2.4	8,198	99.18
3.8	2.3	10,724	98.9
3.7	2.2	13,903	98.6
3.6	2.1	17,864	98.2
3.5	2.0	22,750	97.7
3.4	1.9	28,716	97.1
3.3	1.8	35,930	96.4
3.2	1.7	44,565	95.5
3.1	1.6	54,799	94.5
3.0	1.5	66,807	93.3
2.9	1.4	80,757	91.9
2.8	1.3	96,801	90.3
2.7	1.2	11,5070	88.5
2.6	1.1	135,666	86.4
2.5	1.0	158,655	84.1

Sigma Corta	Sigma Larga	DPMO	Yield %
2.4	0.9	184,060	81.6
2.3	0.8	211,855	78.8
2.2	0.7	241,964	75.8
2.1	0.6	274,253	72.6
2.0	0.5	308,538	69.1
1.9	0.4	344,578	65.5
1.8	0.3	382,089	61.8
1.7	0.2	420,740	57.9
1.6	0.1	460,172	54.0
1.5		500,000	50.0
1.4		539,828	46.0
1.3		579,260	42.1
1.2		617,911	38.2
1.1		655,422	34.5
1.0		691,462	30.9
0.9		725,747	27.4
0.8		758,036	24.2
0.7		788,145	21.2
0.6		815,940	18.4
0.5		841,345	15.9
0.4		864,334	13.6
0.3		884,930	11.5
0.2		903,199	9.7
0.1		919,243	8.1

Biografía del Autor

Fernando González Aleu González nació el 2 de Abril de 1971 en Monterrey, NL, México. En 1993 finaliza sus estudios de Ingeniero Mecánico Administrador en la Universidad de Monterrey (UDEM) presentando su Programa de Evaluación Final (tesis) "Diseño de un Cultivador de Hileras para John Deere planta Monterrey", obteniendo por parte de los sinodales la mención de "Disertación Final Excelente". En 1999 con la presentación de la tesis "Fortalecimiento de un Sistema de ISO 9001:1994 con Administración Total de Calidad" se gradúa de la Maestría de Sistema de Manufactura del ITESM, con especialidad en Calidad. Dentro de su haber también cuenta con otros títulos como: Asesor en Control Estadístico (ITESM 1997), Green Belt (General Electric 1998), Auditor de segunda parte en ISO TS 16949 (IATF 2002) y Auditor Líder de ISO 14001 (SGS 2001).

Durante sus 10 años de experiencia profesional ha trabajado en empresas como Conductores Monterrey, Magnekon, General Electric Industrial Motors México, APM e IMSA-MEX (División APM), desarrollando e implementando Control Estadístico de Procesos (CEP o SPC en inlgés), sistemas de calidad (ISO 9001:1994, QS9000 e ISO TS 16949), sistemas de administración ambiental (ISO 14001: 1996) y desarrollando proyectos utilizando la metodología seis sigma.

Actualmente se encuentra trabajando para IMSA-MEX (División APM) implementando el sistema de administración de calidad en base a ISO TS 16949, manteniendo el sistema de administración ambiental ISO 14001:1996 y colaborando en la implementación de la estrategia de Seis Sigma.

También es colaborador de la revisa Manufactura (www.manufacturaweb.com) para la cual escribe artículos, proporciona asesoría y capacitación a empresas de su localidad, participa en congresos de calidad (Segundo Dia de la Calidad UDEM – ASQ) y desde hace 9 años es catedrático y asesor de los proyectos de calidad desarrollados por los alumnos de la Universidad de Monterrey en empresas como Conductores Monterrey, General Electric Industrial Motors México, Philips, John Deere, Trane, International, American Estándar y Celeco entre otras.

Próximas publicaciones

*ISO 14001. Responsabilidad
Ambiental Compartida.* Mayo 2003

Utilizando el género de novela y ejemplos de la vida real, el autor narra todas las travesías por las cuales una compañía pasa para poder obtener su certificación en ISO 14001. De esta forma se proporciona al lector de una manera amena, las bases para poder desarrollar un sistema de administración ambiental basado en la norma internacional ISO 14001.

ISO TS 16949. La Historia Continua.
Marzo 2004

Utilizando los mismos personajes de la novela "ISO 14001. RESPONSABILIDAD AMBIENTAL COMPARTIDA" el autor narra las nuevas travesías por las cuales la misma compañía pasa durante su proceso de certificación y nuevamente el autor proporciona las bases para poder desarrollar un sistema de administración de calidad basado en ISO TS 16949 (estandar técnico utilizado en la industria automotriz).

Índice General

Indice de Tablas y Figuras

www.librosenred.com

¿Qué es Libros en Red?

LIBROS EN RED es la más completa Editorial Digital de la red en idioma español. Desde junio de 2000 trabajamos en la edición y venta de libros digitales e impresos a demanda.

Nuestra misión es facilitar a todos los autores la **EDICION** de sus obras y ofrecer a los lectores acceso rápido y económico a libros de todo tipo.

Editamos obras (libros, tesis, estudios, manuales, monografías) y brindamos la posibilidad de **COMERCIALIZARLAS** desde Internet para millones de potenciales lectores de lengua hispana.

De este modo, intentamos fortalecer la difusión de los autores que escriben en español. Todo ello además, permitiendo que los autores **conserven sus derechos de copyright** y **obtengan una ganancia 300% o 400% mayor** a la que reciben en el circuito tradicional.

Actualmente disponemos de cientos de títulos clásicos y de varias decenas de libros de autores actuales en los más variados temas, estimando llegar a una colección de más de 2000 obras en menos de dos años.

Visítenos en: www.librosenred.com